Filosofia para crianças

De criança para crianças

Era uma vez!

O conserto da tartaruguinha!

História para colorir!

Por: Bernardo Octaviano Pereira

Este livro pertence a:

____

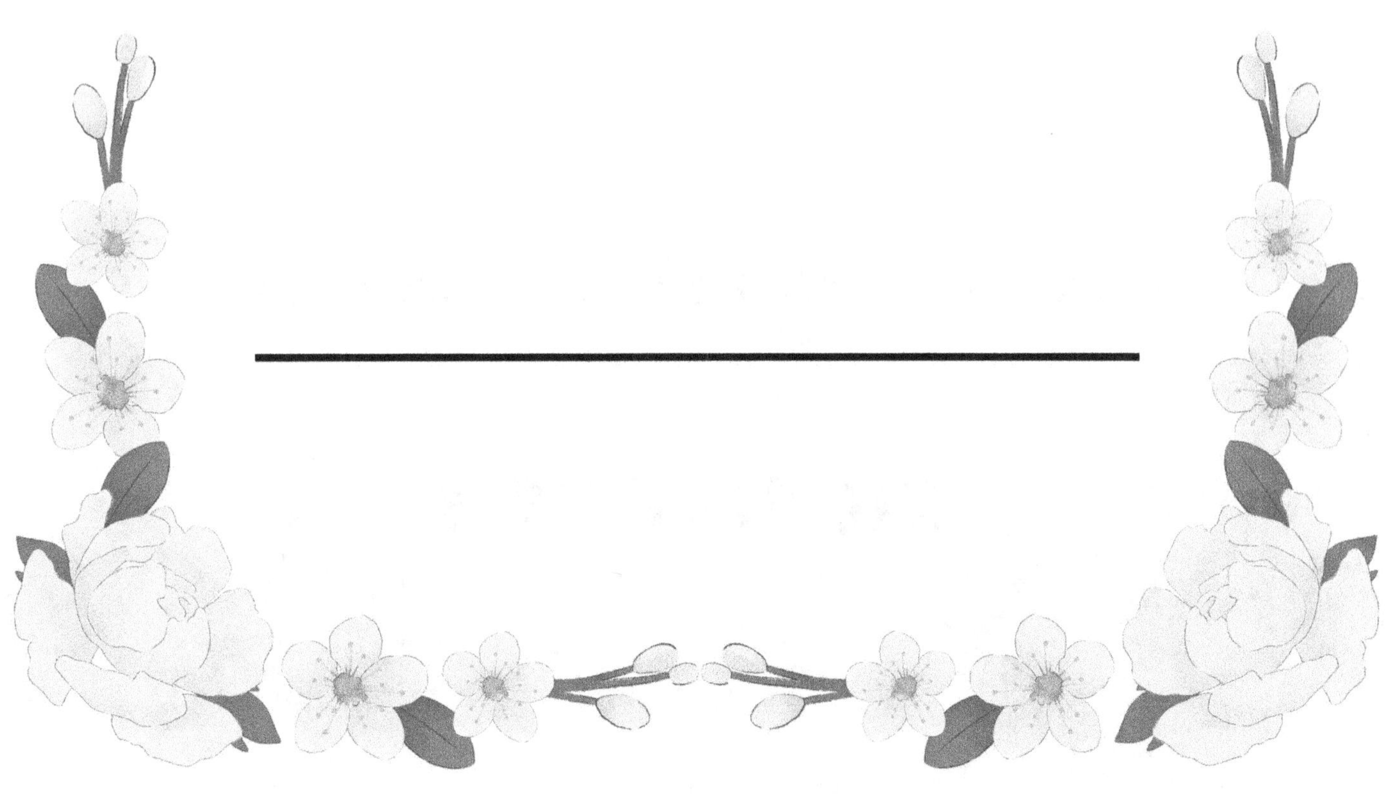

Eu dedico essa obra, primeiramente para os meus pais que eu tanto amo, para minhas professoras, para minhas tias de coração e para todos os meus amigos, Deus que abençoe a todos infinitamente!

Bernardo Octaviano Pereira

26/03/2024

Era uma vez, em uma floresta não muito longe daqui, onde vivia um animado grupo de animaizinhos felizes, sempre brincando e cantando;

Certo dia teve uma festinha lá no céu que prometia, uma celebração especial, e todos os animaizinhos foram convidados para a festinha;

Foram todos os animaizinhos da floresta, estava muito boa a festinha, muita comida, muita bebida e música boa.

Até que em uma hora, quase no fim da festinha, teve uma discussão que terminou em briga no salão;

E todos os animaizinhos sairão correndo para todas as direções para evitar a confusão,

e infelizmente a pequena tartaruguinha perdeu o equilíbrio e caiu do céu, e quebrou todo o seu casquinho, ficando em vários pedacinhos.

E a tartaruguinha ficou muito triste, e chorou muito, foi quando o papai do céu falou, não chore minha filinha, eu vou te ajudar,

vou colar todos os pedacinhos, e com mãos habilidosa o papai do céu começou a colar cuidadosamente cada pedacinho do casquinho.

Á medida que as partes se uniam, o casquinho da tartaruguinha não foi só restaurando, mais também ganhou uma beleza ainda maior do que antes.

A tartaruguinha, antes triste, agora estava radiante de felicidade, agradecendo ao papai do céu por sua intervenção amorosa.

Esta história nos lembra que, mesmo nos momentos mais difíceis, existe sempre uma chance de cura e renovação.

Às vezes, a queda pode nos tornar ainda mais fortes e belos, e a ajuda amorosa de alguém especial pode fazer toda a diferença.

Fim!